10
RULES,
100
COORDINATES

一生もののおしゃれが身につく
10のルール100のコーディネート

stylist　村山佳世子

はじめに

prologue

スタイリストをしていると、よくこんな質問を受けます。
「一生ものの服って、あるのでしょうか？」
ファッションとは、〝流行〟そのものですし、
私がメインで仕事をしている女性ファッション誌は、
流行の服を提案しては、また、次の流行を追うのが使命です。
新しい服を着た時の、ほかでは得られない高揚感は、
女性ならではの特権ですし、おしゃれの醍醐味でもあります。
でも、流行のおしゃれを楽しむ一方で、
ワンシーズンだけ着て手放してしまう服ではなく、
一生ものの服を手に入れたいという気持ちが、
おしゃれ好きの女性にこそ、当然、芽生えるはず。
私もそのひとりです。
スタイリストとして独立してから約25年間、私は、

『non-no』『MORE』『BAILA』『LEE』『Marisol』『éclat』と、
あらゆる世代のファッション雑誌で、
数えきれないほどのコーディネートを作り続けてきました。
その中で、見えてきたことがあります。
一生ものと呼べる服は確かにあって、
それは、自分のファッションスタイルを確立することで、
めぐりあえるものだということ。
そして、〝一生もののおしゃれのルール〟を身につけることが、
自分のスタイルを確立する近道になると——。
この本では、私が考える10のルールを提案し、
そのルールから生まれた100のコーディネートを紹介しています。
皆さんの〝一生もののおしゃれ〟のヒントになれば、
とてもうれしいです。

Contents

Kayoko Murayama

10 RULES, 100 COORDINATES

Part.2

一生もののおしゃれテクニック

Part. 1

Kayoko Murayama

10 RULES, 100 COORDINATES

一生ものの 10のルール 100のコーディネート

ファッションにはさまざまな方向性がありますが、
私のスタイリングのテイストは、
〝ベーシック〞がベースです。
ここで提案するルールとコーディネートは、
そのベーシックが大前提。
一生もののおしゃれを身につけるヒントを見つけてください。

Kayoko Murayama

Rule

1.

最強のトレンチを持つ

Trench coat

もしも、手持ちの服を全部処分して、
ゼロから一生もののクローゼットを作るとしたら、
一番最初に買うべき服は、
ずばり、トレンチコートです。

（右から）

▸ green
▸ BURBERRY
▸ DRIES VAN NOTEN

トレンチコートこそ、一生ものの服と知る

今回、100体のコーディネートを私自身の服で作るにあたり、まずは自分のクローゼットを見渡すところからスタートしました。私の自宅にはいわゆる衣装部屋というものがなく、ベッドルームのクローゼットに収まっている服がすべて。ファッションを生業にしている者にしては、服の所有数は少ないほうです。そんなクローゼットの中で、かなりの場所を占めていたのがトレンチコートでした。春先や秋口に着る薄手のタイプから、ライナーつきの冬物、定番のベージュに加えて、黒やカーキなどを含めると、7〜8枚はあったでしょうか。そう聞くと、「スタイリストさんって、やっぱり服をたくさん持ってる！」と思われるかもしれませんが、そのトレンチたちは、実は、20年以上かけて集まったものなのです。

その7〜8枚のトレンチの中には、ここ何年も袖を通していないものが何枚かあります。でもこれまでに、何年も着ていなかった別のトレンチが、ある年突然、スタメンに昇格するという経験があったこともふまえ、気分じゃないという理由だけで、手放さないようにしてきました。

旬のシルエットがどんなに変わろうとも、トレンチコートのデザインそのものは不変。しかも、その完成度の高さは、ほかのどんな服も及びません。だから、10年前、20年前のトレンチが蘇る。

トレンチコートこそ、一生ものと呼べる服だと、私は思っています。

では、どんなタイプが、〝一生もののトレンチ〟として活躍してくれるのでしょう？　大きく3タイプに分けてみました。

1つめは、肩も丈も自分のサイズにぴったり合ったベーシックなトレンチ。流行に左右されにくいタイプなので、トレンチは一枚だけあればいい、という人におすすめです。

2つめは、ベーシックなトレンチのサイズを、あえて2サイズくらい上げた、オーバーサイズのトレンチ。ジャストサイズよりもこなれ感が出る、おしゃれ上級者向けタイプです。トレンチの下に薄手のアウターを重ね着できるので、真冬にも着られるという利点もあります。

3つめは、ベーシックなトレンチに、ちょっとしたデザインを加えた変形トレンチ。襟が大きいとか、丈が長いとか、フリルがついているとか、そういったタイプです。黒やネイビーやカーキなど、ベージュ以外のトレンチもこのカテゴリーに入ります。トレンチコートに苦手意識がある人は、このタイプを狙うのがいいと思います。

この3つのタイプのうち、必ずどれかひとつは、あなたの好みに合うものがあるはずです。そして、これだと思える最強のトレンチコートに出会えたら、きっと、一生愛せる服になります。

次のページからは、この3タイプを使って10体のコーディネートを提案しています。

Trench coat
Coordinate
/001

スタメンになる年もあれば、
一度も着ない年もある、
古い付き合いのベーシックトレンチ。
Tシャツ、パンツ、コンバース。
なんてことない着こなしだけど、
トレンチコートをはおると、
ピシッと決まる。
001のコーディネートは、私らしい、
ボーイッシュな着こなしからスタートです。

---

coat : green
cardigan : Maison Margiela
T-shirt : DOUBLE RL
pants : DRIES VAN NOTEN
leather bag : HERMÈS
tote bag : GRANITE GEAR
glasses : EYEVAN 7285
shoes : CONVERSE

003

トレンチには、〝相棒〟と呼べるような、
相性のいいアイテムがいくつかあって、
デニムと赤のアイテムは、そのひとつです。
トレンチとその相棒を集めたコーディネートは、
着ていても、気分がとても落ち着きます。

coat : green **knit・bracelet** : CÉLINE
denim : LEVI'S **bag** : GRANITE GEAR
shoes : Repetto

002

トレンチをバサッとはおるスタイルも好きですが、
ベルトを縛って着るスタイルも好きです。
あくまでも、締めるのではなく、縛る。
ウエストの高い位置でキュッと。
カジュアルがドラマティックになるはずです。

coat : green **knit** : Maison Margiela
shirt : THE IRON **pants** : GUNG HO
bag : HERMÈS **stole** : NIMNIMDUAI
shoes : Rupert Sanderson

004

以前はトレンチと言えば、春先や初秋など、
季節の変わり目に着るアウターでした。
でも私はここ最近、真冬でも着ることが多い。
中にジャケットを着ても窮屈じゃないのが、
オーバーサイズのトレンチのいいところです。

---

coat : BURBERRY **jacket** : YLÈVE
knit : Maison Margiela **denim** : RE/DONE
tote bag : Drawer **leather bag** : HERMÈS
shoes : GUCCI

005

トレンチの襟もとからパーカのフードを出したい！
その一心で生まれたのがこのコーディネート（笑）。
どうっていう理由はなく、とにかく可愛いから。
白のパーカを選んでモノトーン配色に。
大人の女性にこそしてほしい着こなしです。

---

coat : BURBERRY **sweat shirt** : ATON
skirt : DRIES VAN NOTEN
glasses : OLIVER PEOPLES **bag** : LOUIS VUITTON
socks : Fukuske **shoes** : SARTORE

Kayoko Murayama
Rule
1.
最強のトレンチを持つ

006

パールとかごバッグも、
トレンチの〝相棒〟と呼べるアイテムたち。
Vニットとネイビーパンツを合わせた、
一見、男の子っぽいコーディネートが、
この相棒たちのおかげで、女性ならではの着こなしに。

coat : BURBERRY **knit** : J.Crew
T-shirt : three dots **pants** : DRIES VAN NOTEN
sunglasses : OLIVER PEOPLES **necklace** : TASAKI
bag : HOUSE OF LOTUS **shoes** : CONVERSE

007

右のコーディネートとは対照的に、
ベージュタートルとふんわりスカートで、
ひと目で女らしいと思えるコーディネートを
作ってみました。でもなぜか、ハンサム。
トレンチが主役じゃないと手にできない意外性です。

coat : BURBERRY **knit** : Drawer
skirt : DRIES VAN NOTEN **bag・bracelet** : HERMÈS
tote bag : Poilâne **shoes** : Repetto

008

私が持っている変形トレンチは、
襟と袖が大きい、少しエッジをきかせた一枚です。
人によっては、例えば甘いディテールかもしれません。
自分の好きなテイストで、＋αのデザインを選ぶのが、
３つめのトレンチを選ぶコツです。

coat : DRIES VAN NOTEN
knit : POLO RALPH LAUREN
pants : Maison Margiela **belt** : J&M DAVIDSON
bag : CÉLINE **sunglasses** : Ray-Ban
shoes : SAINT LAURENT

009

定番のボーダーコーディネートも、
エッジをきかせたトレンチと一緒なら、
ぐっとフレッシュな装いに。
襟もと、袖口、ソックスと、ちらっと白をきかせれば、
冬のトレンチコーデに、抜け感が加わります。

coat : DRIES VAN NOTEN **down jacket** : PYRENEX
stripe top : SAINT JAMES **pants** : THE SHINZONE
bag : SENSI STUDIO **scarf** : HERMÈS
socks : BLEUFORÊT **shoes** : JOSEPH CHEANEY

010

シンプルなニット×パンツに、
トレンチコートをざっくりはおる。
私の冬の定番といえばこれ。
でも、究極を言ってしまうと、
実は中身のコーディネートは
なんでもいい(笑)。
最強のトレンチさえあれば、
自信がもてるから。

---

coat : DRIES VAN NOTEN
knit·bracelet : CÉLINE
T-shirt : SLOANE
pants : STELLA McCARTNEY
sunglasses : OLIVER PEOPLES
bag : HERMÈS

Kayoko Murayama

Rule

2.

白Tは年中着る

White T-shirt

白Ｔは夏だけに閉じ込めず、
冬にもガンガン着てほしいと思っています。
実用性の高さはもちろんのこと、
実は、一生もののスタイルを確立するために、
不可欠なアイテムなのです。

▸ **Hanes**

夏は一枚で、冬はインナーとして、フル稼働させたい

毎年夏になると、各女性ファッション誌がこぞって特集するTシャツ。若い人向けの雑誌はともかく、40代、50代をターゲットにした大人の雑誌ですら、今やあたりまえのような光景です。それだけカジュアルなTシャツが注目されていることが、私にとってはすごくうれしい！　だって、私がスタイリストを始めた25年前は、女性にとってのTシャツはあくまでもサブ扱い。Tシャツがメインのおしゃれが提案できるなんて、素敵な時代になったなってつくづく思います。

そんなTシャツの中で白Tは、ずば抜けて特別な存在です。白Tが主役として活躍する夏はもちろんのこと、私は秋冬シーズンでも、常に白Tを欠かしません。ジャケットやカーディガンのインナーにしたり、ニットの下に重ねて首もとやすそから白Tの一部分をちらっと見せたり、仕事のコーディネートでも自分のコーディネートでも、フル稼働させています。

また、年中活躍してくれる便利な一面以上に、私は白Tには大切な役割があると思っています。もし、ある雑誌から、「白Tが主役の最旬コーディネート」という企画を依頼されたとして、Aというモデルさんを起用した場合と、Bというモデルさんを起用した場合では、私は、まったく違う白Tを選び、まったく違うコーディネートを作るでしょう。服はその人の個性が加わって、初

めて素敵に見えるものです。おのずと人によって、似合う服やコーディネートは変わってきますし、どんな色にも染まる真っ白なキャンバスのような白Ｔは特に、ほかの服にも増して、その人らしさを反映した着こなしが必要となってくるからです。

つまり、自分の個性やファッションスタイル、さらには理想の女性像を表現するには、白Ｔはもってこいのアイテムだということ。だから、夏だけのものとするのではなく、春も秋も冬も、年中着て、自分らしい白Ｔとの付き合い方を見つけていきましょう。それこそが、「一生もののおしゃれ」のひとつの答えになると、私は考えます。

今回は、すべて違う白Ｔを使って、夏と秋に分けてコーディネートを作りました。着こなしと合わせて、それぞれのＴシャツの特徴も書いていますので、あなたにとっての最適の一枚を見つける参考にしてみてください。

White T-shirt

Coordinate

/011

T-shirt : Hanes
pants : DRIES VAN NOTEN
cardigan : Maison Margiela
hat : SENSI STUDIO
belt : Puntovita
bag : BLAMINK
shoes : CÉLINE

白Tと言えば、ヘインズを
思い浮かべる人も多いはずです。
どんな個性にも染まってくれて、
その人らしさを最大限に引き出す
魔法のようなTシャツ。
夏の代表は、この白Tを使って、
自分自身で"村山佳世子"を、
スタイリングしてみました(笑)。

012

T-shirt : Ron Herman×FilMelange
coat : CÉLINE
cardigan : SLOANE
pants : Maison Margiela
bag·bracelet : HERMÈS
belt : J&M DAVIDSON
shoes : CONVERSE

たぶん、昔だったら白シャツを
合わせていたコーディネートですが、
今はシンプルな白Ｔが、
しっくりくるようになりました。
冬のインナーとして着る白Ｔは、
クルーネックの縁が細いタイプを
選ぶのが、上品に見えて
素敵だと思います。

/013

白Tは、夏のロングスカートと、
とても相性がいいアイテムです。
少し厚手のスポーティなタイプを選び、
女らしさとのテイストミックスを楽しむのが、
ワンツーコーデを素敵に見せる秘訣です。

T-shirt : HYKE **skirt** : DRIES VAN NOTEN
bag : Poilâne **stole** : dosa
bracelet : CÉLINE **shoes** : CONVERSE

/014

私は真夏でも、白T一枚で出かけることは
まずなくて、日よけや冷房対策になる、
シャツやストールやカーディガンを携帯します。
シャツをはおる日のTシャツは、
ちょっと女らしい胸もとが広めにあいた一枚を。

T-shirt : J.Crew **shirt** : RALPH LAUREN
denim : CITIZENS of HUMANITY
sunglasses : OLIVER PEOPLES
bracelet : HERMÈS **bag** : HOUSE OF LOTUS
shoes : JOSEPH CHEANEY

015

白Tを主役として着るのに抵抗がある人に
おすすめなのが、カットソー感覚で着られる
七分袖のセント ジェームス。
揺れるロングスカートと一緒に、
フレンチテイストにコーディネートして。

T-shirt : SAINT JAMES **skirt** : BLACK CRANE
cardigan : SLOANE **bag** : BLAMINK
bracelet : CÉLINE **shoes** : CONVERSE×MHL.

016

一枚で着るには透けが気になる薄手のTシャツは、
サロペットのインナーにぴったり。
大人っぽい雰囲気に仕上がって、
さらには気になる二の腕のカバーにもなる(笑)。
おしゃれに手を抜きたくない日の休日コーデです。

T-shirt・cardigan : SLOANE
salopette : OZMA **bag** : Hervé Chapelier
bracelet : HERMÈS **shoes** : Maison Margiela

017

ミリタリージャケットの中から、
ほんの少しだけ見えている白Tは、
スリードッツのベーシックTシャツ。
ヘインズに少し女らしさを足したような、
オールマイティなのにほんのり甘めな一枚です。

T-shirt : three dots **jacket** : HYKE
denim skirt : DRIES VAN NOTEN
sunglasses : OLIVER PEOPLES **bag** : HERMÈS
stole : Johnstons **shoes** : CONVERSE

018

海外セレブのスナップ写真に憧れていたころから、
ムートンやファーの下に白Tを着るスタイルが、
私の理想の女性像。
むしろ、男性的なスタイルですが(笑)。
ここには、少し光沢感のある白Tを。

T-shirt : HAUNT **coat** : CÉLINE
pants : DRIES VAN NOTEN **stole** : dosa
belt : J&M DAVIDSON **bag** : L.L.Bean
socks : Fukuske **shoes** : J.M. WESTON

020

毎年買い換えている無印良品の長袖Tシャツ。
こうしてシンプルなニットのインに
レイヤードするだけで、
なんてことないコーディネートに特別感が宿る。
この白Tがあるかないかで、確実に差が出るのです。

T-shirt : MUJI **knit** : Maison Margiela
pants·coat : HYKE **necklace** : no brand
bag : HERMÈS **shoes** : PELLICO

019

Tシャツは、“高くても1万円台前半”が、
マイルール。ちょっとリッチな白Tは、
ジャケットのインに着れば、お仕事シーンにも対応。
いいTシャツを着てます！ という自信もくれるから、
高くないお買い物なのではと思います。

T-shirt : rag & bone/JEAN **jacket** : YLÈVE
pants : DRIES VAN NOTEN
sunglasses : OLIVER PEOPLES
choker : ENASOLUNA sow **bag** : HOUSE OF LOTUS
stole : SAINT LAURENT **shoes** : CONVERSE

Kayoko Murayama

Rule

3.

実はデニムは古くていい

Denim

この本の担当ライターさんから、
究極のデニムを教えて！ とリクエストされたのに、
1本だけというのが、どうしても選べませんでした。
人によって究極のデニムって違うというのが、
スタイリストとしての、私の答えです。

（右から）

▸ RED CARD
▸ AGOLDE
▸ LEVI'S
▸ SAINT LAURENT
▸ SERGE de bleu

ずっと手放せない一本こそ、あなたのベストデニムです

常に最先端のおしゃれを提案するのが宿命のファッション雑誌は、いつだって、〝デニムこそ最旬に更新すべき〟というスタンスを取っています。もちろんそれは間違いではありません。そのシーズンに一番イケてるデニムは、やっぱりかっこいいものですから。私も女性誌のデニム企画に携わっているスタッフのひとりなので、そこを、否定するつもりはまったくありません。

ただ昔は、スキニーが流行《はや》っていたらスキニーを、ワイドが流行っていたらワイドをと、最旬のデニムをはいていないと恥ずかしいというか、おしゃれ好きの人だったら街を歩けないくらいの空気があったのに、今はなんだってあり。スキニーが流行っていたってワイドを、ハイライズが流行っていたってローライズをはいていても、その人が素敵に見えればいいんです。

そう、大事なのは、その人が素敵に見えるかどうか。最旬のデニムははくだけでおしゃれに見えるから、一見、素敵に手が届きやすいように思えます。でも、最旬デニム自体が、そもそも自分に似合わないタイプだったら？　本末転倒ですよね。だったら、たとえ少し流行からはずれたデニムだっていい。自信をもってはくほうが、よっぽど素敵です。

もしあなたのクローゼットに、ずっと手放せずにいるデニムがあるとしたら、それがあなたに

とっての、ベストな一本です。古いデニムだとしても、自信をもってはいてください。そしてそのデニムを、カジュアルにコーディネートするのではなく、きれいめにコーディネートしてみてください。今回作った10体のコーディネートには、あえてTシャツやスニーカーを入れていません。多くの人は、デニム＝カジュアルと思いがちですが、デニムの着こなしが失敗する一番の原因は、コーディネートをカジュアルに作りすぎてしまうことなのです。

ただ、大人の女性に気をつけてほしいのは、絶対にバブル感を出さないということ(笑)。〝きれいめ〟と〝ゴージャス〟はまったく違うので、注意してくださいね。

たまに、「私は絶対にデニムははきません」という大人の女性に会うことがあります。私はそんな女性にこそ、デニムをはいてほしいと思うのです。デニムをはくと格段に若々しく見えますし、おしゃれの幅が思った以上に広がります。

〝デニムは古くていい〟と言ってしまうくらい、そして、デニム嫌いの人の信念を変えたいくらい、デニムは一生もののおしゃれに必要だと言いきれます。

Denim

Coordinate

/021

デニム好きはもちろん、
デニムが苦手という人も、
着こなしやすいのが
細身のストレートデニム。
きれいめにはけるインディゴなら、
立派なお出かけスタイルに。

denim : RED CARD
blouse : Ron Herman
coat : STELLA McCARTNEY
bracelet : CÉLINE
bag : CHANEL
shoes : Christian Louboutin

023

普段から黒のとろみブラウスやヒール靴を
愛用しているコンサバテイストの人にこそ、
ヴィンテージの501がおすすめ。
お互いがお互いの長所を引き立て合い、
短所を補い合う、最強の組み合わせです。

denim : LEVI'S **blouse** : le graine
jacket : Theory **scarf·bag** : HERMÈS
shoes : Rupert Sanderson

022

デニムの王様、リーバイスの501。
すでに気がついている人もいるかもしれませんが、
正直、501をはいていても、スタイルはよく見えません。
でも、このデニムにしか出せない味が間違いなくある。
白シャツを合わせるならドレスシャツが正解です。

denim : LEVI'S **shirt·bracelet·bag** : CÉLINE
cardigan : SLOANE
sunglasses : OLIVER PEOPLES **shoes** : GUCCI

025

ロング丈のワンピースの下にデニムをはくと、
おしゃれ指数がぐっとアップします。
下半身にコンプレックスがある人や
久しぶりにデニムをはくという人は、
この着こなしからトライしてみてはいかがでしょう。

---

denim : AGOLDE **dress** : H/ståndard
jacket : YLÈVE **choker** : ENASOLUNA sow
bracelet : HERMÈS **bag** : SEAFOLLY
shoes : SAINT LAURENT

024

ダメージ入りのボーイズタイプは、
サイズ選びに迷ったら、ちょっとゆるめを選んで。
こなれ感とリッチ感の絶妙バランスが手に入るはずです。
デニムのカジュアル感を抑えるのに、
きれい色のトップスを着るのはとても効果的。

---

denim : AGOLDE **knit·cardigan** : SLOANE
bracelet : HERMÈS **belt** : J&M DAVIDSON
bag : SEAFOLLY **shoes** : CÉLINE

026

20年くらい前に一世を風靡したフレアデニムが、
若い世代を中心に、ただ今、人気急上昇中。
私自身は、まだ復活させる勇気がなくて、
出動のタイミングを見計らっていますが(笑)。
ロングカーデを加えて縦長コーディネートに。

denim : SAINT LAURENT **cardigan** : YLÈVE
shirt : DRIES VAN NOTEN **hat** : Borsalino
bag : MAISON N.H PARIS **bracelet** : CÉLINE
shoes : JOSEPH CHEANEY

027

大人っぽいのにどこかキュートな、
キャメル色とデニムの組み合わせが大好き。
ファーアウターを合わせた時は、
ゴージャスに見えすぎないように、
かごバッグとバレエシューズで、引き算をします。

denim : SAINT LAURENT **coat** : Drawer
T-shirt : Ron Herman **necklace** : TIFFANY & Co.
bag : HOUSE OF LOTUS
sunglasses : OLIVER PEOPLES
shoes : Maison Margiela

/028

バギーデニムにジャケットを着て、
ちょっとジェーン・バーキンを意識した、
レトロ風の着こなしに。
ジャケットとデニムの組み合わせって、
殿堂入りレベルの、永遠のコンビです。

---

denim : SERGE de bleu **jacket** : YLÈVE
knit : SLOANE **glasses** : OLIVER PEOPLES
bag : HERMÈS **gloves** : no brand
shoes : Maison Margiela

/029

もうひとつのジャケット×バギーデニムは、
オールネイビーで作ってみました。
私は、ちょっとした会食ならこの装いで。
私ほど自由な職業じゃない人も、
カジュアル通勤OKな日に、ぜひ！

---

denim : SERGE de bleu
jacket : MARGARET HOWELL
knit : Maison Margiela **necklace** : no brand
bag・scarf : HERMÈS **shoes** : PELLICO

030

021でも使ったこのデニムは、
私の最近のヘビロテデニムです。
こうして、ローファーなどのメンズ靴を、
よく合わせています。
もう少しきれいに見せたい日は
ヒールパンプスを、
可愛く見せたい日はバレエシューズを。
選ぶ靴でテイストを調整します。

---

denim : RED CARD
coat : CÉLINE
cardigan : Maison Margiela
glasses : EYEVAN 7285
bag : HERMÈS
shoes : JIL SANDER

Kayoko Murayama

Rule

4.

ベージュのVニットが究極の女っぷり

Beige V-knit

こうしてポツンとたたんで置くと、
メンズっぽささえ漂うストイックさ。
その一枚が、〝究極の女っぷり〟って?!
皆さんが不思議に思うのも当然です。

▸ SLOANE

女性の体が入って初めて完成する。それが究極の女っぷり

ここまで読み進めてくださったかたならとっくにお気づきかと思いますが、私のスタイリングは、とてもシンプルです。地味、と思うかたもいらっしゃるかもしれません。メンズライクな着こなしが得意で、わかりやすい女っぽさは苦手です。そんなスタイリストから、〝究極の女っぷり〟と言われても、ピンとこない人も多いはずです(笑)。

なんてことないシンプルな服に、女性の体が入って初めて生まれる女らしさ。私のスタイリングは常に、そのさりげない女らしさを目指しています。それは、肌を大胆に露出したり、派手な服を着たりするよりもずっと、本質的な女らしさに近づけると思うから。シンプルなベージュのVニットは、そのさりげない女らしさを出せる、究極の服なのです。

そう言うと、「ベージュ？　肌がくすんで見えるから無理無理！」という声が聞こえてきそうです。デニムと同じく、ベージュのトップスも、着ないと決めている人が多い服。でも、〝無理〟という、頑固な思い込みを克服してこそ、一生もののおしゃれのセンスを身につけることができると私は思っています。

ベージュがむずかしいと感じている人は、色み選びが間違っているのではないでしょうか？

Rule 4.

ベージュのVニットが究極の女っぷり

右が着回したニット。キャメルは色白さん、ピンクベージュは日焼け肌にオススメです。

ベージュは、オフホワイトに近い淡いトーンから、ブラウンに近い濃いトーンまで、色幅がとても広い色です。誰にでも顔映りのいいトーンがあるはずなので、あきらめずに、似合う色みを探してみてください。

　また、ソリッドな黒やネイビーに比べて、女らしいムードやニュアンスを出しやすいのがベージュです。グレーも同じようにムードを出しやすい色ではありますが、華やかさという点ではベージュに劣ります。そして、Vネックで胸もとに抜け感を出すことで、ベージュの華やかさはいっそうきわだちます。

　あらゆるボトムと合わせやすく、着回しがきくのもベージュのVニットの長所です。今回は、日本人の肌色を引き立てる少し赤みがかった色みの一枚を着回して、カジュアルときれいめに分け、5体ずつコーディネートを作りました。それらのコーディネートを着た時に生まれる格別の女らしさを想像しながら、ページをめくってみてください。

Beige V-knit

Coordinate

/031

knit : SLOANE
blouson : patagonia
denim : RED CARD
belt : HERMÈS
bag : Down to Earth
shoes : BIRD SHOP

雨の日はどうしても、
黒を着ることが多くなります。
重くなりがちな着こなしに
ベージュのVニットが入るだけで、
気分までも明るくなる。
さりげない女らしさで、
どカジュアルな雨の日コーデを
シックに彩ってみました。

Kayoko Murayama
Rule
4.

ベージュのVニットが究極の女っぷり

032

knit : SLOANE
jacket : BALENCIAGA
skirt : DRIES VAN NOTEN
necklace : TIFFANY & Co.
bag·scarf : HERMÈS
sunglasses : OLIVER PEOPLES
shoes : J.M. WESTON

一方こちらは、
同じ黒をベースに、
働く日のきれいめコーデに。
ハードなライダースジャケットも、
ベージュのVニットと一緒なら、
女らしく着られます。
胸もとには、
小さなダイヤのネックレスを添えて。

033

カジュアルすぎを避けるために、
デニムの章では封印した
デニム×白T×スニーカーのコーディネート。
ベージュのVニットの女らしさを表現するために
あえてここで、登場させてみました。

knit : SLOANE **T-shirt** : VONDEL
denim : RE/DONE **glasses** : EYEVAN 7285
bag : BLAMINK **bracelet** : HERMÈS
shoes : CONVERSE

034

メンズライクなカーゴパンツは、
甘いトップスを合わせると着こなしやすい、
というのは、今や常識とも言えるルール。
こんなさりげない女らしさで仕上げると、
また新鮮な気持ちではけるはずです。

knit : SLOANE **pants** : HYKE
coat : DRIES VAN NOTEN
necklace : HARRY WINSTON
bag : HERMÈS **bracelet** : CÉLINE
shoes : Porselli

Kayoko Murayama

Rule 4.

ベージュのVニットが究極の女っぷり

035

ベージュのワントーンコーデは、
優しさが漂う、ムード満点の配色です。
ただ、ぼんやりしがちな配色でもあるので、
ベージュの色みや素材は、ミックスするのが鉄則。
さらに、腰に巻いたデニムシャツでメリハリを加えます。

knit : SLOANE **pants** : MARGARET HOWELL
shirt : J.Crew **hat** : Borsalino **bracelet** : HERMÈS
bag : HOUSE OF LOTUS **shoes** : Repetto

036

Gジャンは大好きなアイテムなのですが、
白Tだと男っぽく、ボーダーだとほっこり
してしまい、むずかしさを感じていました。
ベージュのVニットを合わせたら、ほかが全部
メンズアイテムでも、急に落ち着いてくれました。

knit : SLOANE **denim jacket** : HYKE
pants : CÉLINE **stole** : Faliero Sarti
bag : HERMÈS **shoes** : J.M. WESTON

037

トップスが女らしいので、
自然と10コーデ中の８コーデがパンツに。
スカートのひとつは、032のクールな黒タイト。
もうひとつは、このカーキのフレア。
辛口のスカート合わせが、バランスがよくて好きです。

knit : SLOANE **skirt** : DRIES VAN NOTEN
bag : BOTTEGA VENETA **stole** : Faliero Sarti
bracelet : HERMÈS **shoes** : J.M. WESTON

038

トラッドは、私のスタイリングとは、
切っても切れないテイストです。
ただ、どうしても地味めになってしまうのも事実。
チェックパンツのトラッド感を尊重しつつ、
上半身にほどよい華を加えています。

knit : SLOANE **pants** : Maison Margiela
coat : STELLA McCARTNEY
belt : J&M DAVIDSON **watch** : ROLEX
sunglasses : OLIVER PEOPLES
bag : HERMÈS **shoes** : J.M. WESTON

/040

胸もとには、ベージュのVと相性のいいパールを。
足もとをヒールにすれば、フォーマルシーンにも
OKなコーディネートも提案できますが、
ここはコンバースを合わせて、
私らしさを主張してみました(笑)。

knit : SLOANE **jacket·pants** : MARGARET HOWELL
necklace : TASAKI **bag·scarf** : HERMÈS
shoes : CONVERSE

/039

035がカジュアル派のオールベージュなら、
きれいめ派のオールベージュは、
ブラウンに近い濃いめのワントーンで。
ベルトとバングルで加えたゴールドアクセが、
シンプルコーデのポイントに。

knit : SLOANE **pants** : Ron Herman **jacket** : YLÈVE
belt : Scye **bag** : LOUIS VUITTON **bracelet** : CÉLINE
socks : Fukuske **shoes** : JOSEPH CHEANEY

Kayoko Murayama

Rule

5.

シャツはビッグシルエットが万能

Big shirt

今や、私のクローゼットには、
いわゆる定番シャツというものが見当たりません。
ビッグシルエットシャツのムードと楽ちんさに、
すっかり魅了されています。

▸ CÉLINE

ボトムにインしたりアウトしたり、幅広い着こなしを楽しめる

〝断捨離〟ブームに反して、私のクローゼットの中には、古い服がたくさん詰まっています。20年以上も着ているトレンチコートがあるとルール1の章でも書いたように、アウター類はもちろん、ボトムやニットにも十年選手がたくさん。デニムにいたっては、古くていいと断言するくらい。新しい服よりは出動頻度は少ないものの、タンスの肥やしというわけではなく、ちゃんと立派に活躍してくれている服ばかりです。そんな中でシャツだけは、ほかのアイテムとは様子が違います。

ベーシック派の例に漏れず、私も若いころからシャツが大好きでした。白シャツ、ダンガリーシャツ、ボタンダウンシャツなど、ありとあらゆるシャツを着てきました。ところが、あんなに好きだったシャツに、ある年齢を越えたくらいから、窮屈さを感じるようになったのです。ちょうどTシャツやカットソーなど、ラクに着られるトップスが流行し、シャツの窮屈さがきわだったのかもしれません。もしくは年齢とともに、背中や腕に、むだな肉がつき始めたからかもしれません。何が理由にせよ、シャツを着ると疲れるなと、感じてしまったのです。

そんな時にちょうど、ビッグシルエットのシャツが登場し、おしゃれ好きの女性を中心に大ブー

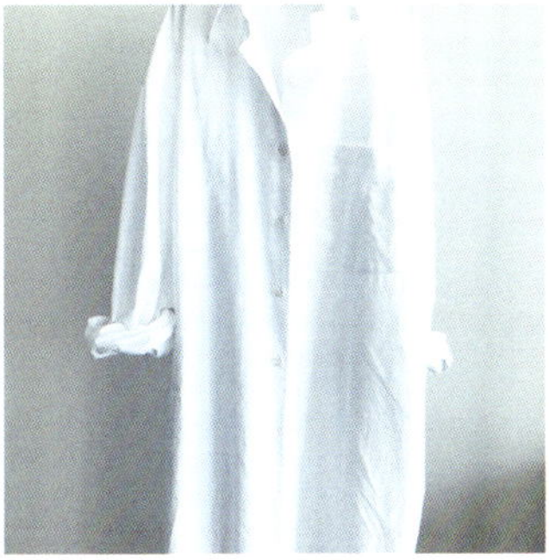

ビッグシルエットシャツの長所のひとつは、ちょっとしたシワが、〝味〟になるところです。

ムが起こりました。着るだけでこなれ感やニュアンスが出て、窮屈感はゼロ。シャツの中で体が泳ぐシルエットは、女性の華奢さも強調してくれます。流行時は雑誌でも、数えきれないくらいのコーディネートを提案しました。その後、ブームが落ち着いてからも、私はビッグシルエット一辺倒。クローゼットにあったジャストサイズのシャツは、ほとんどを手放しました。おそらく今後は、ビッグシルエットのシャツが、5年かけ10年かけ、増えていくと思います。

ビッグシルエットのシャツは、ボトムにインして着た時と、アウトして着た時とでは、ガラリと表情が変わります。ボトムとのバランスを見て、インにするかアウトにするかを決めます。前のすそだけボトムにインするという、今っぽい着こなしも、一度やってみるととても簡単です。

今回は5枚のシャツを使って、それぞれインとアウト、両方の着こなしを提案しています。P.113では、シャツの着方を細かく説明していますので、そちらも参考にしてみてください。

Big shirt
Coordinate

041

昔から大好きなラルフ ローレンの
ボタンダウンシャツを、
ビッグシルエットに更新しました。
ボリューム感たっぷりの
マキシスカートには、
シャツのすそをインする前提。
ゆる×ゆるシルエットが、
なんともドラマティックです。

shirt : RALPH LAUREN
skirt : Deuxième Classe
stole : Glen Prince
bag : HOUSE OF LOTUS
necklace : TASAKI
shoes : Maison Margiela

042

ごくベーシックな
黒のクロップドパンツには、
シャツのすそをアウトして。
身長162cm。
背が低くも高くもない私には、
このバランスがほどよいなと。
動きやすさとこなれ感のために、
袖は必ずまくります。

---

shirt : RALPH LAUREN
pants : Maison Margiela
bracelet : CÉLINE
bag : HERMÈS
shoes : CONVERSE

043

マディソンブルーのダンガリーシャツは、
ビッグシャツブームの火つけ役となった一枚です。
ファーストシーズンに購入して以来、愛用しています。
スカートにインしたシャツが、
動きに合わせて着くずれていく感じを楽しみます。

shirt : MADISONBLUE **skirt** : DRIES VAN NOTEN
scarf·bracelet : HERMÈS **bag** : CÉLINE
shoes : Church's

044

カーディガンを着るように、
ボーダーの上にさらりとはおったスタイル。
ストール代わりに肩に巻くこともあります。
ビッグシルエットのシャツは、
少しシワがあっても許されるところが好き。

shirt : MADISONBLUE **stripe top** : SAINT JAMES
pants : SERGE de bleu **bag** : SENSI STUDIO
scarf : HERMÈS **shoes** : CONVERSE

045

お仕事スタイルにもぴったりな、
シャツ×ワイドパンツという定番スタイルも、
シャツがビッグシルエットなら、女度が倍増します。
スタイルをよく見せるためには、
シャツはゆるっとインするのが鉄則です。

shirt : DRIES VAN NOTEN
pants・bracelet : CÉLINE
bag・stole : HERMÈS **belt** : J&M DAVIDSON
shoes : MANOLO BLAHNIK

046

女性にはどうしても、おなかまわりを
出したくない日がありますよね！
そんな日には、ビッグシャツをアウトして、
カーディガンを腰に巻いちゃう。
ボトムは細身を選ぶのがポイントです。

shirt : DRIES VAN NOTEN **T-shirt** : J.Crew
denim : LEVI'S **cardigan** : SLOANE
glasses : OLIVER PEOPLES
bag : Hervé Chapelier **shoes** : YOKO CHAN

047

チノパンなど、カジュアルパンツを
きれいめに仕上げたい時は、
シャツの力を借りるのが最短距離です。
窮屈感ゼロのブルーのストライプシャツと一緒なら、
リラックス気分のまま、きれいめコーデを楽しめます。

---

shirt : CÉLINE **pants** : GUNG HO
bracelet : HERMÈS **stole** : dosa
bag : UNION **shoes** : Repetto

048

042ではいた黒のクロップドパンツに、
よりビッグなシャツを合わせたのがこのスタイル。
フルレングスのパンツではなく、
あくまでもクロップドというのがポイント。
足首見せの抜け感が、このバランスには必要です。

---

shirt·bracelet : CÉLINE **pants** : Maison Margiela
stole : SAINT LAURENT **leather bag** : HERMÈS
tote bag : Traditional Weatherwear
shoes : GUCCI

049

白シャツはザ・ベーシックなものよりも、
ほんの少しクセのあるタイプをチョイス。
胸もとにダブルポケットをあしらった
ワークデザインの開襟シャツ。
ロングスカートにゆるっとインして着こなします。

shirt : YLÈVE **skirt** : BLACK CRANE
jacket : HYKE **bag** : BLAMINK
bracelet : HERMÈS **shoes** : Maison Margiela

050

サイドにスリットが入ったシャツなら、
前すそだけインするスタイルが簡単に決まります。
ワークシャツとテイストを合わせた、
ウエスタン調のベルトを加えて、
遊び心のあるコーディネートに。

shirt : YLÈVE **pants** : Ron Herman
cardigan : SLOANE **hat** : Borsalino
belt : Puntovita **bag** : HERMÈS
shoes : CONVERSE×MHL.

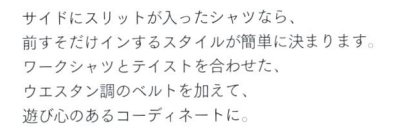

Kayoko Murayama

Rule

6.

週3日は同じニット×パンツで

Knit & pants

スタイリストなのに、いや、スタイリストだから、
私は、自分のコーディネートには時間をかけません。
ある時から持つようになった〝週3セット〟。
このセットのおかげで、日々がラクになりました。

▸ **knit, pants : Maison Margiela**

〝週3セット〟があれば、おしゃれの完成度が上がる

皆さんは、その日着る服をいつ考えますか？

前の晩に考えておけば、朝バタバタしないのでしょうが、私は、ロケなどで早起きする日が多い生活にもかかわらず、その日の朝に考えるのが常。たいてい、夜は仕事のコーディネートを作っているので、寝る前に自分が着る服まで考えたくない、というのがオフィシャルな言い訳です（笑）。

さて、そんな生活を何年も送るうちに、いつからか、〝週3セット〟、というものを持つようになりました。週の半分くらい着てもいいと思えるくらい、シンプルなトップス×ボトムのコンビのことです。

時間がない朝も、安定感のある週3セットがあると思うと、気持ちもラク。コーディネートのベースが決まっているので、あとは靴とバッグ、冬ならアウターを考えるだけです。ベースの服を考える時間が短縮されたぶん、むしろ、コーディネートの完成度が上がるという効果も得られます。バタバタとトンチンカンなコーディネートで出かけてしまい、一日をブルーに過ごすということも激減しました。

ここ最近の私の週3セットは、ベーシックなネイビーのクルーネックニットと黒のクロップド

パンツ。いろいろ試して、今はここに落ち着いています。一見、便利そうな黒×黒セットは、小物をどんなに変えても、黒の印象が勝ってしまいます。それに、誰もがよく持っている黒の靴やアウターを合わせた時に、よほどほかの小物を計算しないと、地味すぎになりがちです。その点、ネイビー×ブラックは、合わせる小物のテイストに柔軟に染まってくれますし、靴やアウターが黒でも絶妙なニュアンスが残ります。

また、私はアウターが大好きなので、黒、ネイビー、グレー、ベージュ、カーキなど、あらゆる色のアウターをまんべんなく持っていますが、ネイビー×ブラックは、どの色のアウターとも相性がいいのが特徴。クローゼットを見渡して、ほとんどのアウターがグレーという人はニットをグレーに、ベージュという人はベージュにしてもいいかもしれません。

週3セットは、ラクにおしゃれが楽しめるというだけでなく、自分のファッションスタイルを確立する助けにもなります。取っ替え引っ替えまったく違うテイストの服を着ている人よりも、週3日着てもいいと思えるくらいの大好きなスタイルを持っている人のほうが、一生もののおしゃれに近づけると思うのです。

Knit & pants
Coordinate
/051

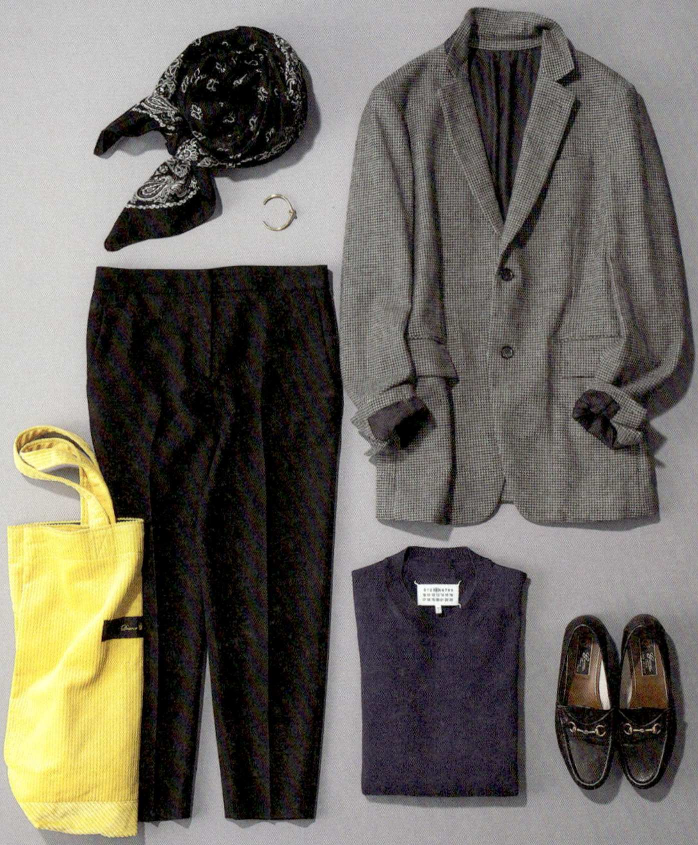

knit·pants : Maison Margiela
jacket : YLÈVE
stole : SAINT LAURENT
bracelet : CÉLINE
bag : Drawer
shoes : GUCCI

たぶん、私を知っている人なら、「そのニット×パンツのスタイル、いつもの村山さんだね！」と、ツッコミを入れると思います（笑）。ベースがベーシックなので、ペイズリー柄ストールとチェックジャケットを重ねる、柄on柄だってできちゃいます。

053

週3セットのトップスをニットにした理由は、
こんなふうにニットの下にも重ね着ができて、
着回しの幅がぐっと広がるから。
実際にはほんのちょっとしか見えないとしても、
ボーダー柄がちらりとのぞくのは可愛いですよね。

knit·pants : Maison Margiela
stripe top : SAINT JAMES **stole** : dosa
bag : CÉLINE **sunglasses** : OLIVER PEOPLES
socks : Fukuske **shoes** : Church's

052

個性の強いアウターをさらっと受け止める、
オールマイティな週3セット。
存在感のあるライダースも、こんなにすんなり。
クロップドパンツの抜け感があるから、
黒が多めの着こなしでも、重くならないのもいい。

knit·pants : Maison Margiela
jacket : BALENCIAGA **necklace** : no brand
bag : Hervé Chapelier **scarf** : HERMÈS
shoes : MANOLO BLAHNIK

054

この日は、ネイビーベースの
リバティ柄シャツをニットの下に重ね着。
アウターもバッグも靴もネイビーでそろえて、
柄のアクセントをきわだたせて。
気分を変えたい日のコーディネートです。

---

knit・pants : Maison Margiela
jacket : CÉLINE **shirt** : HUMAN WOMAN
bag : HERMÈS **shoes** : PELLICO

055

冬の日の、リアルな休日コーディネート。
休みの日こそ、きれいなアウターを着て、
カジュアルコーデのバランスをとります。
ニューヨークの男の子をイメージして、
ボーイッシュな着こなしを作りました。

---

knit・pants : Maison Margiela **coat** : CÉLINE
T-shirt : Ron Herman×FilMelange
knit cap : HYKE **bag** : GRANITE GEAR
bracelet : HERMÈS **shoes** : CONVERSE

056

アウター代わりに、大判ストールを
ざっくりと首に巻くスタイルも、
週3セットを使った、
私の定番コーディネートです。
ストールの色と合わせて、
靴とバッグもヌーディに。
白Tが名脇役っぷりを発揮しています。

knit・pants : Maison Margiela
T-shirt : SLOANE
stole : Glen Prince
bag : HOUSE OF LOTUS
bracelet : CÉLINE
shoes : Repetto

057

ネイビー×ブラックがベースなら、
カジュアルアウター＆スニーカーでも、
どカジュアルになりません。
真冬はダウンでももちろんOK！
寒くなるほど週３セットは、活躍の幅が広がります。

knit·pants : Maison Margiela **jacket** : HYKE
sunglasses : OLIVER PEOPLES
scarf : MARGARET HOWELL **bag** : HERMÈS
shoes : CONVERSE

058

ネイビー、黒、白の、シンプル配色に、
チェックのストールで遊びを加えてみました。
気に入ってはいるけれど、
使いづらいなと思う小物が手もとにあったら、
週３セットに合わせてみるとハマるはずです。

knit·pants : Maison Margiela
coat : STELLA McCARTNEY **stole** : NIMNIMDUAI
watch : ROLEX **bag** : L.L.Bean
socks : Fukuske **shoes** : J.M. WESTON

060

気分が上がるスカイブルーのブルゾンを合わせて、
雨の日は、よくこんな格好をしています。
靴を大事にしたいので、革靴は履きません。
クロップドパンツと相性のいい、
ショート丈のレインブーツを。

knit・pants : Maison Margiela
blouson : patagonia **bag** : Hervé Chapelier
stole : ADORE **shoes** : Meduse

059

トレンチ×週3セットは間違いないですよね。
もちろんトレンチコートだけでも決まりますが、
この日は、Gジャンをレイヤードしてみました。
こういう日こそ白スニーカーを履きたい。
おばあちゃんになっても着たいコーデ、No.1です。

knit・pants : Maison Margiela **coat** : BURBERRY
denim jacket : HYKE **bag** : HERMÈS
sunglasses : OLIVER PEOPLES
shoes : CONVERSE

Kayoko Murayama

Rule

7.

グレーとネイビーは地味に見せない

Gray & navy

こう見えても、実はこっそり、
地味に見せない努力をしています。
長年かけて好きな服が集まったクローゼットに、
そのヒントが隠れていました。

GRAY

▸ stole : dosa

▸ skirt, knit cap : HYKE

▸ T-shirt : DOUBLE RL

▸ cardigan : Maison Margiela

▸ pants : Miu Miu, STELLA McCARTNEY

NAVY

▸ down jacket : PYRENEX

▸ rib knit, denim skirt, pants :
DRIES VAN NOTEN

▸ knit : Maison Margiela

▸ scarf : HERMÈS

色みと素材を組み合わせることで、地味色でも華が生まれる

この章では、グレーとネイビーを使った、ワントーンコーディネートを5体ずつ作っています。〝地味に見せない〟と言いきっていますが、やはり、派手好きな人から見たら明らかに地味（笑）。ただ、私の言う地味に見せないとは、〝派手に見せたい〟わけではないということを、まず、お伝えしておきます。

今となっては、クローゼットの大半がベーシックカラーである私も、以前はもっと、きれい色の服を買っていました。でも結局、頻繁に着るのはベーシックカラーで、長く着るのもベーシックカラー。私は明らかに、ベーシックカラー側の人間なのだなとある時見極めて、無理にきれい色の服を買うのをやめました。その代わりに、好きな色を追求することにしたのです。

私の場合は、それがグレーとネイビーでした。特に好きでもない別の色の服を、ワードローブを活性化させるために買うよりも、持っていそうな服でもいいから、グレーとネイビーの気に入った服を買うようにしたのです。するとクローゼットには何年もかけて、グレーとネイビーの服がどんどん増えていきました。それらは一見、似たような服でも、実は色みや素材が微妙に違います。その微妙に違う色みや素材を重ねて着こなすと、全身にワントーンでしか出せないニュアン

服だけでなく、靴やバッグもグレーとネイビーが好き。これは出動頻度の高いメンズ靴。

スが生まれ、奥行きのあるコーディネートになるのです。それが結果として、地味に見せないグレーとネイビーの着こなしにつながりました。

この法則がわかると、買い物にもむだがなくなります。クローゼットにバリエーションが欲しいあまりに、自分のテイストからはずれた服を買い、結果、一度も出番がない、ということがなくなります。次の段階では、クローゼットに並んだ服を見て、自分にはどんな色みや素材が足りないのかがわかるようになり、同じ色の中の重複買いも減っていきます。

グレーとネイビーはどんな色とも相性のいいカラーですが、次ページからの10体はワントーン配色に徹し、あえてさし色をしていません。その代わりに必要だったのが、ワントーンに抜け感を生む白と、ワントーンを引き締める黒。この2色をポイントで活用しつつ、地味に見えないグレーとネイビーのコーディネートを作りました。

Gray & navy

Coordinate

/061

coat : CÉLINE **knit** : Vince
pants : Maison Margiela
glasses : OLIVER PEOPLES
bag : SEAFOLLY
shoes : J.M. WESTON

やはりパッと見は地味ですが、
着てみると、グレーのワントーンが
いかに特別か実感できます。
コートは白っぽい杢グレー、
ニットはカーキに近い赤みのグレー、
そこにチェックのグレーが加わって。
上品さに勝る華やかさは、
ないと思うのです。

/062

down jacket : PYRENEX
knit : Drawer
pants : CÉLINE
bag : HERMÈS
watch : Cartier
shoes : CONVERSE

カシミアニット×ウールパンツに、
ダウンジャケットで、
艶のあるネイビーを加えてみました。
ダウンを着る日も、
ネイビーのワントーンコーデなら、
“ご近所着”には見えません。
白のスニーカーを合わせれば、
たちまち足もとに抜け感が生まれます。

063

少し色が落ちてチャコールグレーのように
見えるブラックデニム。
スニーカーはグレーのスエード素材。
好きなグレーをそろえると、自分でも予想が
つかない、新しいコーディネートが生まれます。

knit : Acne Studios　**shirt** : THE IRON
denim : LEVI'S　**stole** : Johnstons
sunglasses : Ray-Ban
bag : CHANEL　**shoes** : YOKO CHAN

064

ライトグレーのカーディガンと、
チャコールグレーのきれいめパンツ。
同じ色なのにこんなに色幅があるのが、
グレーのおもしろさのひとつです。
グレーと親戚色の、シルバー靴を足もとに。

cardigan : Maison Margiela
stripe top : SAINT JAMES
pants : STELLA McCARTNEY　**knit cap** : HYKE
bag・bracelet : CÉLINE　**shoes** : JIL SANDER

グレーとネイビーは地味に見せない

066

カジュアルなグレーの着こなしには、
レザーのベルトやシューズで、
きちんと感をプラスします。
首もとには、ネイビーのストールを添えて、
もうひとつの最愛色を意識しました。

knit : SLOANE **pants** : MARGARET HOWELL
stole : Johnstons **belt** : J&M DAVIDSON
bracelet : HERMÈS **bag** : Hervé Chapelier
shoes : JIL SANDER

065

きれいにまとめすぎると、
老けて見えてしまうのがグレーの短所。
Tシャツやニットスカートで、
カジュアルなグレーを加えれば、
ジャケットスタイルも、“マダム”になりません。

jacket : YLÈVE **T-shirt** : DOUBLE RL
skirt : HYKE **bag** : CHANEL
stole : ADORE
shoes : Gianvito Rossi

067

自分がブラック派ではないと気がついてから、
クローゼットの中のネイビーが増えていきました。
ピーコート×デニムスカートは、
10代のころからずっと好きな組み合わせ。
今はこんなふうに着ています。

---

coat : CÉLINE
shirt·knit·denim skirt : DRIES VAN NOTEN
bag : BLAMINK **shoes** : GUCCI

068

私のライフスタイルには、
黒のセットアップはフォーマル度が高いので、
ネイビーがちょうどよく活躍します。
もちろん上下別々にも着ますが、
なんでもない日にスーツ姿も可愛いかなと。

---

jacket·pants : MARGARET HOWELL
knit : CÉLINE **stole** : dosa **bag** : L.L.Bean
bracelet : HERMÈS **socks** : Fukuske
shoes : J.M. WESTON

069

スエードのライダースもニットのワンピースも、
もう何年も前に買ったネイビーです。
あえてロングブーツを合わせると、
また新鮮な気持ちで袖を通せる。
チェックストールの中の白が、実は大切です。

jacket : Theory **dress** : MM6
sunglasses : OLIVER PEOPLES **bag** : CÉLINE
stole : NIMNIMDUAI **shoes** : Gianvito Rossi

070

ネイビーのパンツは少し光沢のあるベロア素材。
ネイビーはグレーほど色幅がないので、
ベロアやナイロンなどの艶っぽい素材を
持っておくと、ワントーンが作りやすい。
こちらにも、グレーのストールを加えました。

coat・pants : DRIES VAN NOTEN
knit : VONDEL **stole** : dosa
bag : HERMÈS **shoes** : CONVERSE

Kayoko Murayama

Rule

8.

冬こそ白！

Winter white

ファッション雑誌の世界では、
今やあたりまえとも言える、
〝冬の白〟の提案。
私は、特別な日じゃなくて、
デイリーに楽しめる、
そんな冬の白の着こなしが好きです。

▸ stole : dosa
▸ knit : CÉLINE
▸ denim :
CITIZENS of HUMANITY
▸ sweat shirt : ATON
▸ shoes : CONVERSE

冬素材だけじゃなく、夏素材の白を着たっていい

きっと皆さんも目にしたことがあると思いますが、ファッション雑誌は冬になると、〝冬の白〟というテーマを頻繁に特集します。私も大好きな企画のひとつです。そして、一生もののおしゃれの提案では、「冬こそ白！」と、さらに強調したルールにしたいと思います。

着こなしだけでなく気分も重くなりがちな冬に、白を取り入れた着こなしは、とても素敵です。自分が着ていても、また、人が着ているのを見るだけでも、明るいムードを感じますよね。また、ウールやカシミアなど、温かみのある素材感の白は、男性目線でなくても、やっぱり可愛く見えるものです。今はそんな冬素材の白に加えて、コットンやリネンやキャンバスなど、夏素材の白をシーズンレスで取り入れる着こなしも浸透してきました。異なる素材を組み合わせれば、白が単調にならず、オールホワイトの着こなしにも挑戦できます。

白は汚れが目立つという声もよく聞きますが、私は、考え方によっては、とても扱いやすい色だと思っています。最近は自宅用の洗剤もとても優秀です。下手に色物の服にシミをつけるよりも、白のほうが思いきって漂白剤入りの洗剤を使うこともできます。ＰＡＲＴ２のテクニック編では、私が実際に自宅で使っている洗剤も紹介していますので、参考にしてみてください。

わが家の愛猫、三毛猫の〝まりも〟も、
年中、白が多めです（笑）。

そんな、冬の白びいきの私ですが、実は、白のアウターというものを一枚も持っていません。正確に言えば、以前は持っていたものを、何年か前に、手放してしまいました。私の日常生活には、特別感のある白のアウターはそぐわなかったのです。

ネイビーやグレーなどの地味色のアウターを脱いだ時にさりげなく白い服が現れる。その感覚がとても好きです。次ページからの10体は、ダークなアウターの下に着るコーディネートを想定しています。皆さんが持っているアウターとの着こなしを想像しながら、読み進めていただけたらと思います。

Winter white

Coordinate

/071

白ってそれだけで、
華やかさや女らしさがある色だから、
私の白は基本的にカジュアルです。
ネイビーのアウターの下には、
冬素材と夏素材の白アイテムをミックス。
冬空に明るく映える着こなしです。

---

jacket : CÉLINE
stripe top : SAINT JAMES
pants : DRIES VAN NOTEN
stole : dosa **bag** : L.L.Bean
bracelet : HERMÈS **belt** : J&M DAVIDSON
shoes : J.M. WESTON

072

ざっくりとした白のニットは、
何度となく買い換えた昔から大好きなアイテム。
シーズンレスの白デニムと一緒に、
冬ならではのオールホワイトのコーデに。
アウターはトレンチコートでもダウンでも。

knit : CÉLINE **shirt** : THE IRON
denim : CITIZENS of HUMANITY
sunglasses : OLIVER PEOPLES
bag : CHANEL **shoes** : CONVERSE

073

このコーディネートをしたくて買った、
オフホワイトの大判カシミアストールは、
私にとっては、白アウターの代用アイテム的存在。
全身ダークな着こなしに白小物をきかせると、
華やかさがきわだちます。

knit : Theory **pants** : Miu Miu
stole : dosa **bag** : J&M DAVIDSON
shoes : GUCCI

074

このサロペットも実は夏服。
夏よりもむしろ冬のほうが着やすくて、
ウールのジャケットと一緒に着たりしています。
「白Tは年中着る」ものなので、
ここでも活躍させています。

---

jacket : YLÈVE **salopette** : APIECE APART
T-shirt : rag & bone/JEAN **bag** : HERMÈS
stole : Johnstons **gloves** : no brand
shoes : Maison Margiela

075

067のピーコートを脱いだコーディネートがこれ。
ノースリーブのタートルニットの下に、
白のタートルシャツを着ていました。
腕だけが白っていうのも、
アウターを脱いだ時にハッとする着こなし。

---

shirt·knit·denim skirt : DRIES VAN NOTEN
jacket : BALENCIAGA **bracelet** : CÉLINE
bag : HERMÈS **shoes** : MANOLO BLAHNIK

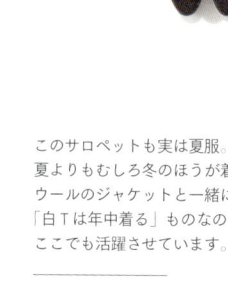

077

ロング丈ニット×ワイドパンツの、
リラックスモードの休日コーディネート。
どこかスペシャル感のある白だから、
こんなズルッとしたバランスも、
女らしく決まります。

knit : Maison Margiela
T-shirt : JOURNAL STANDARD L'ESSAGE
pants : ADEAM **stole** : Johnstons
bracelet : HERMÈS **bag** : L.L.Bean
shoes : MANOLO BLAHNIK

076

定番のグレーパーカも便利だけど、
純白のプルオーバーパーカって、とっても可愛い！
今回作った100体の中で、
私の中の〝デート服〟って、こんな感じ。
カジュアルな白って、やっぱり好きです。

sweat shirt : ATON **knit** : Drawer **skirt** : HYKE
sunglasses : Ray-Ban **bag** : Hervé Chapelier
shoes : Church's

078

ダークな色にきかせる白もいいけれど、
冬は、ベージュになじませる白も素敵。
よりフェミニンな表情に仕上がります。
ストールを長めに巻いて、
縦長のシルエットを作りました。

cardigan : YLÈVE **cut&sewn** : SLOANE
pants : MARGARET HOWELL **stole** : dosa
bag : HERMÈS **shoes** : Maison Margiela

079

アイスグレーのワンピースの上から、
ざっくりニットをすっぽりかぶってみました。
超薄手の夏の白と、超厚手の冬の白。
この素材ミックスが、私のスタイルの理想形。
思いきって、靴とバッグも白をチョイス。

knit : CÉLINE **dress** : dosa **bracelet** : HERMÈS
bag : L.L.Bean **shoes** : CONVERSE

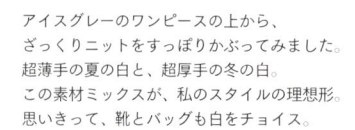

080

ちょっと甘めの白ブラウスには、
ブラックデニムで
辛口の要素を加えます。
これも夏素材のブラウスですが、
下にタートルニットを着れば
十分、冬にも対応。
この日は、オーバーサイズの
トレンチコートをはおっています。

---

coat : BURBERRY
shirt : dosa
knit : Drawer
denim : rag & bone/JEAN
bracelet : CÉLINE
bag : HERMÈS

Kayoko Murayama

Rule

9.

もう一度、甘さに還る

Sweet taste

メンズライクなテイストが好きな私も、
時には〝甘さ〟に、立ち戻るようにしています。
私のような辛口ベースの人がお手本にすべきなのは、
ココ・シャネルのモードな甘さです。

▸ bag : CHANEL

▸ necklace : no brand

甘いコーディネートのメインカラーは、ずばり黒

女性って、ファッションに目覚めれば目覚めるほど、甘いテイストの服を封印したくなる傾向にあるなって、周囲を見ていて思います。辛口の服を着たほうが、〝あかぬける〟って、ある時気がつく瞬間があるんです。私自身もそのひとりなので、よくわかります。

でも、シンプル、ベーシック、メンズライク好きの私だって、そこは女子。やっぱり可愛いものが大好きです。家の中を見渡すと、レースのクロスとかガラスの器とか、けっこう甘い雑貨がたくさん。それに年齢を重ねると、辛口の服だけで通すというのも、迫力が出すぎてしまって、逆にイタく見えるものです。時には、甘い服を楽しむことも、特に大人の女性には必要だと考えています。

とはいえ、しばらく辛口服のおしゃれ力に頼っていたわけですから、一度封印していた甘さに還るのって、最初はむずかしさを感じるかもしれません。私が目標としたのは、ココ・シャネルの甘さ。そう、あくまでもクールな甘さです。モードな甘さと言ってもいいかもしれません。甘さを封印していた女性のワードローブは、辛口がベースです。その辛口ワードローブに、モードな甘さをほんのひとさじ加えるイメージならば、そんなにむずかしくないと思います。

Kayoko Murayama

Rule

9.

もう一度、甘さに還る

可愛いものを見つけると、ついつい買ってしまう、レースのクロスやガラスの器。私の部屋には、実は甘いものがたくさんあります。

今回、そのイメージを具体的にコーディネートで表現したところ、黒がメインカラーになっていきました。1〜80までのコーディネートを見ていただくとわかるとおり、普段の私は、黒派ではありません。甘いコーディネートを意識した時に初めて、どんな色よりもストイックな黒がメインカラーになるなんて、なんだかおもしろいですよね。自分でもつくづくあまのじゃくだなって思います(笑)。

甘い服こそ、メンズライクな服を得意とするブランドで見つけるのも、失敗しない秘訣です。また、甘い服がずっと大好きで、でも最近になってうまく着こなせないと感じている人は、しばらく甘さを封印してみてください。甘い服との付き合い方が確実に変わるのを実感できるうえ、おしゃれ度がぐっと上がるはずです。

Sweet taste

Coordinate

/081

久しぶりに甘い服を買うという人は、
黒のフレアスカートから始めてはどうでしょう。
ニットの襟もとから出したレースのブラウスは、
もう10年以上も前に買ったもの。
シャネルとパールは、20歳の時から使っています。
甘いアイテムは、実は賞味期限が長いのです。

---

coat : BURBERRY
knit : Theory **blouse** : vintage
skirt : Maison Margiela
necklace : no brand **bag** : CHANEL
shoes : Christian Louboutin

083

女の人って、やっぱりワンピースが好き。
袖を通すと、気分が上がるから不思議です。
甘い服とミリタリー服は、
正反対のテイストゆえ、相性バツグン。
なんでもない日にこんな格好をして過ごすのが理想。

jacket : HYKE **dress** : DRIES VAN NOTEN
bag : HERMÈS **bracelet** : CÉLINE
shoes : Maison Margiela

082

辛口服を得意とするトーマス・マイヤーの
ユニクロとのコラボブラウス。
白もあったのですが、迷わず黒を選びました。
メンズライクなパンツと合わせて、
ほんのりスイート気分を楽しみます。

blouse : UNIQLO×tomas maier
pants : STELLA McCARTNEY **stole** : dosa
bracelet : CÉLINE **bag** : CHANEL
shoes : YOKO CHAN

084

黒のコットンレースの、
控えめな甘さが好きです。
甘さを封印していた時代も、
黒のコットンレースだけは、
クローゼットに常備していた
記憶があります。
黒のマニッシュパンツと、
上下ブラックの着こなしで。

---

cardigan : SLOANE
blouse : Ron Herman
pants : HYKE
sunglasses : OLIVER PEOPLES
bag·bracelet : HERMÈS
shoes : MANOLO BLAHNIK

086

黒のタートルニットがあれば、
甘いスカートがすんなりと着られます。
ピンクベージュのスカートと、
オードリー風のスタイルを作ってみました。
思えばオードリーの甘さも、黒がベースですね。

---

knit : Maison Margiela
skirt : DRIES VAN NOTEN
coat : STELLA McCARTNEY
bag : HERMÈS **shoes** : GUCCI

085

10年以上も前、ハワイのお店でセールに
なっているのを見つけて、
清水買いしたシャネルのジャケット。
以来、大切に大切に着ています。
ブラックデニムを合わせるのが私流。

---

jacket : CHANEL **knit** : SLOANE
denim : rag & bone/JEAN **necklace** : no brand
leather bag : HERMÈS **tote bag** : Down to Earth
shoes : Rupert Sanderson

088

ワンピースの上からパーカをすっぽりかぶって、
スポーティな甘さを完成。
実は黒だったこのワンピース、
着込みすぎて、ネイビーのように(笑)。
まだまだ着るつもりです！

sweat shirt : ATON **dress** : dosa
bag : HERMÈS **stole・shoes** : SAINT LAURENT

087

この10体の中でも、
一番糖度が低めのコーディネート。
いつもなら白Tを合わせるコーディネートを、
ベージュのボウタイシャツにチェンジ。
より凛とした甘さが好みの人へ。

cardigan : YLÈVE **shirt** : HUMAN WOMAN
denim : RED CARD **bracelet・bag** : HERMÈS
scarf : MARGARET HOWELL
shoes : MANOLO BLAHNIK

089

サテン素材こそ、甘い色じゃなく、
カーキのようなメンズライクな色を選ぶのがいい。
084ではいた黒のマニッシュパンツと、
潔いワンツーコーディネートで、
シンプルに着こなします。

blouse : BOUTIQUE TOKYO DRESS
pants : HYKE **bag** : CHANEL
shoes : J.M. WESTON

090

よーく見ると胸もとに、
控えめなレースをあしらった黒ワンピース。
メンズライクなオーバーサイズのトレンチが、
いつもとはまたひと味違う、
スイートな雰囲気に仕上がります。

coat : BURBERRY
dress·knit : Maison Margiela
sunglasses : OLIVER PEOPLES
bag : HERMÈS **shoes** : Christian Louboutin

Kayoko Murayama

Rule

10.

ミックスなくしておしゃれなし

Mix taste

10個目のルールは、
これまでのコーディネートの
すべてに当てはまる、
共通のルールでもあります。
一生ものと呼べるおしゃれは、
ミックス感なくして成立しないと、
私は思うのです。

▸ jacket : green
▸ dress : Maison Margiela
▸ brown shoes :
CONVERSE×MHL.
▸ black shoes :
Rupert Sanderson

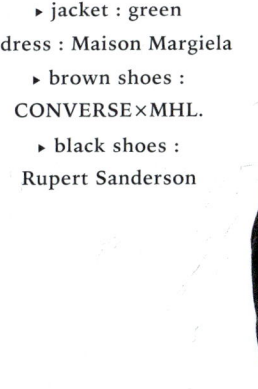

一生もののおしゃれは、ミックス感で完成する

私がメインで仕事をしてきたのは、年齢や属性で読者ターゲットを決めたファッション誌です。それらの雑誌が打ち出すテイストの範囲内で、与えられたテーマに向けたコーディネートを考えるのがスタイリストの使命。テーマの中には、必ず〝ルール〟があります。16歳でスタイリストになろうと決め、18歳でスタイリスト学校に入った、単なるおしゃれ好きの若者にとっては、初めは驚くような世界でした。ルールに合わせてコーディネートを考えるのです。単純に〝可愛い〟という感覚だけでは、仕事として通用しないのですから。

毎月毎月、何十体というコーディネートを作り続けるうち、徐々に気がつきました。やはり頭を使わないと、可愛いコーディネートは生まれないのだと。本当は涼しい顔をして、「センスだけでコーディネートを作っています」と言えたなら、そんなにかっこいいことはなかったのでしょう。でも、まわりのおしゃれな人を見ていても、やっぱり頭を使っていますよね。何を着ても可愛い若いころはともかく、大人になればなるほど、頭を使った自分なりのルールというものが、必要となってくるのです。

普段はルールを与えられてコーディネートを組んでいる私が、初めて自分でルールを決めて、

コーディネートを組んだのがこの本です。ここまで9つのルールに合わせたコーディネートを作ってきた集大成がこの10個目のルール。ミックスなくしておしゃれなし。実はこの本の100体のコーディネートはすべて、そのルールにのっとって作られています。

コーディネートとはよく言ったもので、おしゃれは一枚の服だけでは完成しません。いくつかの服、いくつかの小物を組み合わせて、初めてできあがるものです。素敵な服を生かすも生かさないもコーディネート次第。その決め手は、〝ミックス感〟であると、私は考えています。ルール9で提案した甘辛ミックスは、その代表例。そのほかにも、テイストのミックスや素材のミックスなど、甘辛以外にもさまざまなミックスがあり、ミックスすることで、コーディネートはぐっと完成度を増します。また、定番服と旬服のミックス技を身につければ、古い服を手放さなくても、流行に合ったコーディネートを楽しむことができます。

一生もののおしゃれは、ミックステクを身につけることで完成します。そのテクニックは、これから見ていただくとおり、実はとてもシンプルなことです。私が25年かけて習得したテクニックをすっかり明かしてしまい、今後の仕事に支障がないかなって(笑)、ちょっと心配になってしまうくらい簡単です。

Mix taste

Coordinate

/091

ミリタリーテイストの
セットアップに、
女性らしいパンプスと、
クラシカルなバッグを
コーディネート。靴とバッグを
服と正反対のテイストにして
ミックス感を出すのは、
とても簡単なテクニックです。

---

shirt・pants : SERGE de bleu
cardigan : SLOANE
bag : HERMÈS
bracelet : CÉLINE
shoes : MANOLO BLAHNIK

092

メンズライクなカーゴパンツに、
きれいめブラウスとパンプスをミックスしました。
カーゴパンツは特にメンズテイストが強いので、
ほかのアイテムは女性らしくすると、
ミックス感がきわだちます。

shirt : DRIES VAN NOTEN **pants** : HYKE
jacket : Theory **bag・scarf** : HERMÈS
shoes : PELLICO

093

ネイビーのパンツスーツに
ボーダーカットソーとスニーカーを合わせた、
きちんと×カジュアルのミックス。
カジュアルなバッグも似合うと思いますが、
チェーンバッグだと大人っぽく仕上がります。

jacket・pants : MARGARET HOWELL
stripe top : SAINT JAMES **bracelet** : CÉLINE
bag : CHANEL **shoes** : CONVERSE

094

これは冬素材と夏素材のミックスです。
ざっくりしたニットとリネンのスカート。
重い素材に軽い素材がミックスされて、
なんとも言えない可愛さが生まれます。
季節の変わり目にしたいコーディネートです。

knit : SLOANE **skirt** : Deuxième Classe
glasses : EYEVAN 7285 **bracelet** : CÉLINE
bag : BOTTEGA VENETA **shoes** : JOSEPH CHEANEY

095

透け感のあるセクシーなブラウスと、
メンズライクなパンツで、
ジェンダーミックスを楽しむ日。
男性にはなぜかセクシーなブラウスよりも、
パンツのほうをほめられます(笑)。

blouse : THE ROW **pants** : Maison Margiela
coat : STELLA McCARTNEY
belt : J&M DAVIDSON **bracelet** : CÉLINE
bag : HERMÈS **shoes** : J.M. WESTON

096

おしゃれ感度の高い人なら、
もう無意識にしているだろう、
トラッドな服とバレエシューズのミックス。
ローファーで全身をトラッドにしないからこそ、
おしゃれに広がりがありますよね。

knit : POLO RALPH LAUREN **T-shirt** : Hanes
pants : MARGARET HOWELL
bag : Down to Earth **stole** : Glen Prince
belt : J&M DAVIDSON **shoes** : Porselli

097

ロングスカートにスニーカーを合わせるのも、
簡単にできるミックスコーデ。
コンバースはハイカットを選ぶと、
よりカジュアル感が増して、
おしゃれに手をかけた印象が生まれます。

shirt : RALPH LAUREN
skirt : DRIES VAN NOTEN **jacket** : YLÈVE
bag : Hervé Chapelier **bracelet** : CÉLINE
shoes : CONVERSE

098

ライダースはミックスコーデをする前提で
ひとつ持っておくと、
一生使えるアイテムだと思います。
この日は、黒のレーストップスをミックス。
黒×ブラウンの、上品配色にも挑戦。

jacket : BALENCIAGA **blouse・pants** : Ron Herman
sunglasses : OLIVER PEOPLES
necklace : HARRY WINSTON
bag : HOUSE OF LOTUS **shoes** : MANOLO BLAHNIK

099

ライダースコーデのバリエーション。
ニーハイのロングブーツを合わせ、
レザー率が高めになったコーディネートに、
とろみ素材のレースワンピースで、
女らしさをミックスしました。

jacket : BALENCIAGA **dress** : Maison Margiela
T-shirt : Ron Herman×FilMelange
necklace : TIFFANY & Co.
bag : HERMÈS **shoes** : Gianvito Rossi

/100

私のミックスコーデの定番は、
本当に簡単です。
ミリタリージャケットに、
甘い黒のワンピース。
カジュアル好き、
メンズライク好きの私が、
自分らしさの延長で楽しめる
甘辛ミックスです。

---

jacket : green
dress : dosa
bag : CÉLINE
stole : SAINT LAURENT
bracelet : HERMÈS
shoes : Rupert Sanderson

Part.2

Kayoko Murayama
10 RULES, 100 COORDINATES

一生ものの
おしゃれテクニック

〝一生もののおしゃれのルール〟を身につけたなら、
それらのルールと上手に付き合うテクニックを磨きたいものです。
ここでは、ベーシック服の着こなし方から、
大切な服のお手入れ方法、
さらにはサイズ選びや買い物のセオリーまで、
私が考える、一生もののおしゃれの秘訣を紹介していきます。

一生もののこなれ技

メンズ由来のベーシック服には、仕上げのひと手間が必要です

PART1で登場した、私が一生ものだと思うベーシックな服たちは、服を着てからの仕上げにひと手間かけてあげることで、格段に、着こなしの印象が変わってきます。それは大げさに言えば、服に命を吹き込むような作業です。

特に、シャツやジャケットなど、体格がしっかりしている男性が、着るだけで決まるように作られているメンズ由来のベーシック服はそう。襟を立てたり袖をまくったり、女性らしさを演出するひと手間をかけてあげることが必要です。それを雑誌ではよく、〝こなれ〟と、表現しています。

ここでは、撮影で、シャツやジャケットをモデルさんに着せつける時に私が必ずしている、基本的なこなれ技を紹介しています。朝、服を着る時に30秒もあればできる簡単なテクニックです。私は着くずれてもあまり気にせず、トイレなどで鏡を見た時に、ささっと直す程度にしています。また、靴に合わせたデニムのロールアップ例や、メンズ靴を履く際のソックス選びも提案していますので、ぜひ、参考にしてみてください。

Shirt

シャツ

シャツは、襟を立て、袖をまくることで、格段にこなれて見えます。
また、すそをウエストインする時は、ゆるく着るのが鉄則です。

襟

1

シャツのボタンを、自分の好みやシャツのタイプに合わせて、上から 1 ～ 2 個開けておく。襟の後ろ部分を、ぐっと立ち上げる。

2

鏡を見ながら、前襟を寝かせるように整える。時間がたって、自然と後ろ襟が落ちてきたくらいがちょうどいいこなれ感。

袖

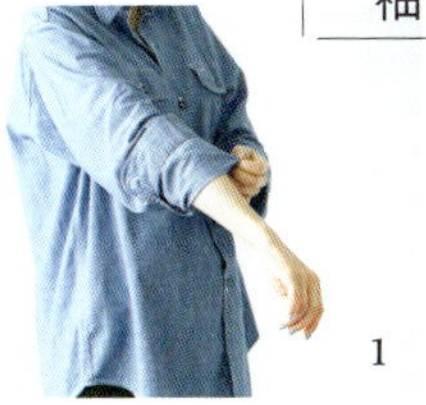

1

袖口のボタンを開け、15cmくらいの幅が出るよう、袖口から折り返す。

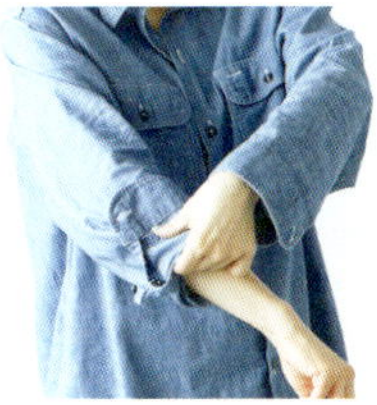

2

折り返した袖口を、また半分、折り返し、折り返し部分が二重になるようにまくる。

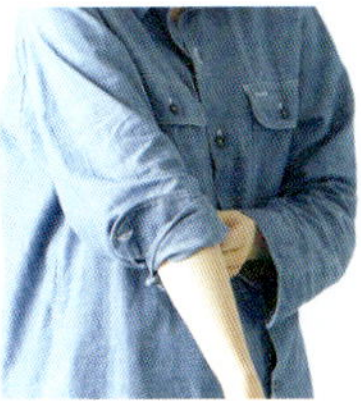

3

片方の袖先が隠れるように入れ込む。袖先を片方だけ見せるのが、こなれ感の決め手に。

ウエストイン

1

まずは、シャツのすそをきれいにボトムに入れる。ベルトをつける時は、このタイミングで。

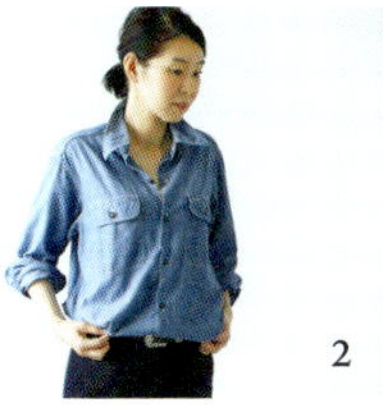

2

インしたシャツを、前身頃から、ウエストラインを隠すように軽く出す。

3

前身頃が決まったら、後ろ身頃からも軽く出す。これなら、腕を上げた時も窮屈感がない。

Jacket

ジャケット

基本はシャツと同じように、襟と袖にひと手間を加えます。
トレンチコートにも、同じテクニックを使います。

襟

1

襟を後ろから立ち上げる。

2

前襟を立体的に見せるために、ひとなでして整える。

袖

1

袖はシャツと違って折り返さず、まずは、ぐっとたくし上げる。

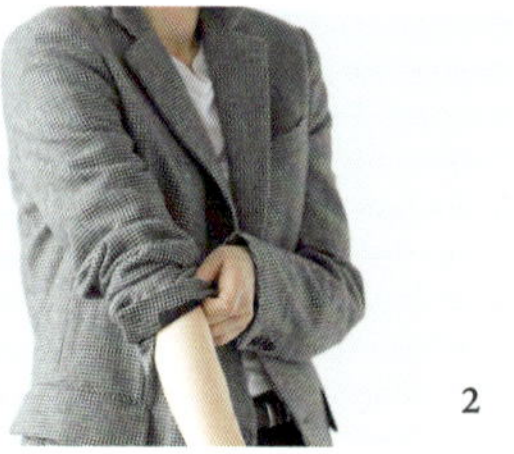
2

たくし上げた袖口を、3㎝ほど折り返す。折り返すことで、ずり落ち防止にも。

仕上がり

1

鏡の前で全体のバランスをチェックする。バランスによっては、前襟を立ててもOK。

2

ボタンを留めたほうがバランスがいい場合は、ボタンをひとつ留め、前襟を整える。

Foot

足もと

メンズ靴をはじめ、スニーカーやバレエシューズなどのペタンコ靴を履いた時の、
デニムのロールアップとソックス合わせについて提案します。

デニムのロールアップ

ロールアップしてもしなくてもはけるタイプのデニムは、
かかとが隠れるくらいの丈にカットすると使いやすいと思います。

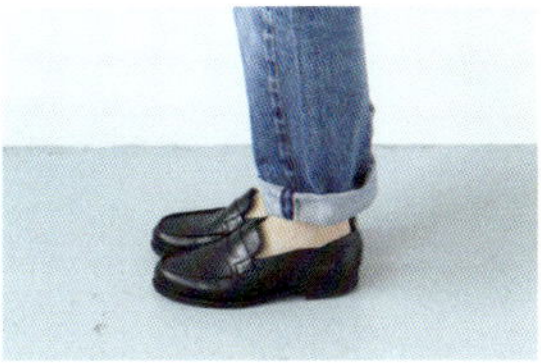

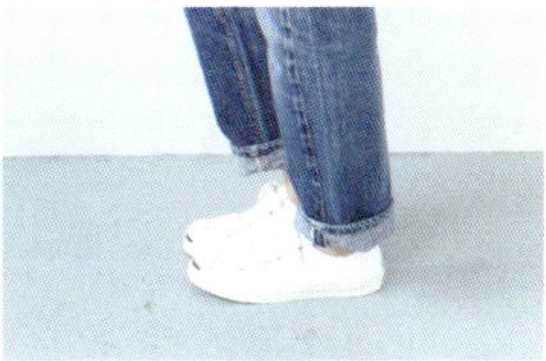

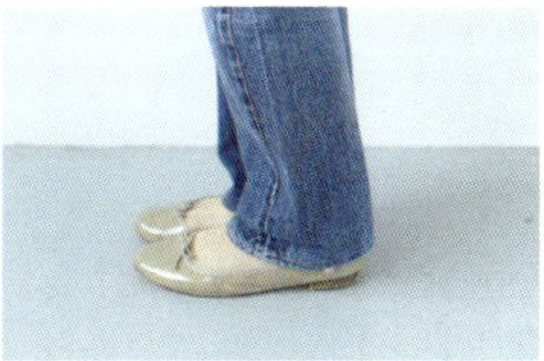

メンズ靴
↓
ふた折り

ローファーやレースアップ靴は、ふた折りしてくるぶしを見せることで、女らしさを演出する。

スニーカー
↓
ひと折り

抜け感を出すために、ロールアップする。ひと折りだと、カジュアルすぎない仕上がりに。

バレエシューズ
↓
ロールアップなし

バレエシューズやフラットパンプスなど、足の甲が見えるタイプの靴は、ロールアップなしで。

ソックス選び

基本的に、スカート＝薄手ソックス、パンツ＝厚手ソックスと、
使い分けると考えれば、大きな失敗がありません。

厚手

クロップド丈パンツと靴は厚手ソックスでつなぐのがこなれて見せる正解。抜け感を出すなら白を。

薄手

スカートに厚手ソックスを合わせるとほっこり見えてしまう危険性も。薄手でおしゃれ感をアップ。

一生もののお手入れ法

あくまでも自分の判断で、
ドライ表記の服を自宅で洗うこともあります

大切な服や靴を長く愛するためには、丁寧なお手入れが欠かせません。私は引っ越しをすると、必ず近所のクリーニング店をいくつか試して、丁寧に仕上げてくれるところに通うようにしています。

一方で、ドライクリーニングしかできない服は、どんなに好きでも袖を通すのが億劫《おっくう》になってしまうものです。あくまでも自己責任の上ですが、私は、ちょっとしたシャツや薄手のニットならば、たとえドライ表記の服であっても、自分の判断で、自宅でお手入れをしてしまうものもあります。と言っても、洗濯機や乾燥機にガンガンかけるということはもちろんしません。ほとんどは手洗いで、洗濯機なら必ずネットに入れてデリケート洗いをしています。

大切な革靴は、靴好きの男性並みに、マメにお手入れをして履いています。朝から雨降りの日はもちろん、雨が降りそうな日も絶対に履きませんし、汚れや擦れは、靴クリームで丁寧にケア。必ずシューツリーを入れて保管し、最低10年は、履き続けます。

Detergent & Tools

お手入れグッズ

服や靴を自宅でお手入れする時に使う、洗剤やグッズをご紹介。
お手入れ好きと情報交換して、常にアップデートもしています。

服

❶粉末洗剤「浄JOE」。色柄物にも使えますが、私は主に白物用に。つけ置き洗いをするとおもしろいくらいに汚れが浮き上がります。❷「ザ・ランドレス」のファブリックスプレーは、レストランなどでアウターや厚手のニットについてしまったニオイ対策用。❸液体漂白剤「純愛」。白シャツの襟の黄ばみや、うっかりつけてしまったシミに。❹「エコベール」のデリケートウォッシュは、主に下着用。

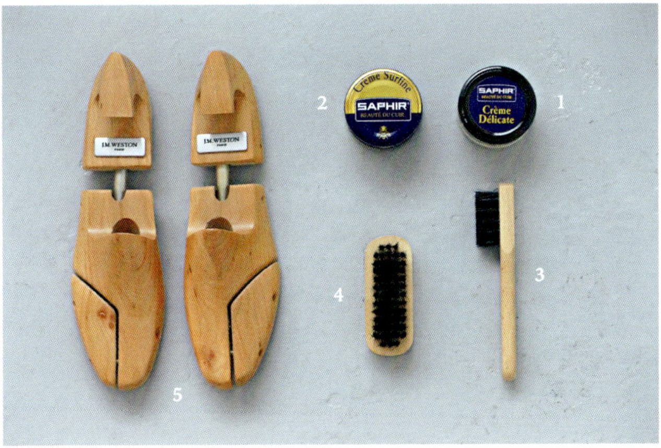

靴

❶❷靴やレザーのバッグなどのお手入れは、主にフランス発の「サフィール」の靴クリームを使用。汚れや擦れをマメにケアします。❸❹靴ブラシは、全体には大きいブラシ、細かい部分には小さいブラシと、何種類かを使い分けています。❺ローファーには必ずシューツリーを入れています。甲に寄ったシワがきれいに伸びて、大切な靴を長く履くことができます。

一生もののアクセサリー使い

パワーのあるアクセサリーを1点使いするのが、シンプル派の私のスタイルです

服がシンプルになればなるほど、アクセサリー使いが大切になってくるものです。思い入れのあるアクセサリーをセンスよく重ねづけした、ヨーロッパマダムのような素敵なスタイルに憧れるものの、私はやはりどこまでいっても引き算タイプ。アクセサリーに関しても、かなりのシンプル派です。

私のアクセサリー使いは、たいてい、何か１点。だから、その１点にパワーのあるものを選びます。ＰＡＲＴ１でも使用した、パールの一連ネックレスや、ダイヤモンドの一粒ネックレス、クロスのネックレスは、その一例。また、存在感のあるバングルは、かなりパワーのあるアクセサリーなので、〝シンプル服にバングル１点〟が、ここ数年のマイ定番スタイルになっています。

ジャラジャラつけるのは苦手なくせに、バングルを忘れただけで、その日は一日中ソワソワ(笑)。休みの日に、ちょっと近所に行く時も、必ずつけて出かけます。アクセサリーがもつ魔法の力を信じているのは、重ねづけが好きな人も、私のようなシンプル派も、同じなのかもしれません。

ビッグシルエットの白シャツにシルバーのバングルをつけた、私の定番スタイル。着用したエルメスのバングル（写真下・左と同じ）は数年前に、同じくエルメスのシェーヌ・ダンクル（写真下・右）は、20年くらい前に購入したものです。

一生ものの巻き物テク

素材感やクオリティを重視して、一生ものとして活躍させたい

今回の100体のコーディネートでも、登場回数は、なんと31回！　約3分の1のコーディネートにつけるほど、巻き物が大好きです。なかでも好きなのは大判のストール。防寒対策だけでなく、シンプルなコーディネートに華を添える、私にとっては、アクセサリーの代用品のような存在です。コーディネートに何か足りないなと思った時にさっと投入。さし色をしても、服と色をなじませても素敵です。

大判のストールを、〝ざっくり巻く〟のが、ストール使いを素敵に見せるポイントです。私が雑誌の撮影でもよくしている巻き方を、厚手ストールと薄手ストールに分けて、何パターンか紹介します。

一方で、クオリティにはこだわります。顔に直接触れるものですし、意外とほかの服以上に、素材の良し悪しが目立つもの。流行に左右されない質の高いベーシックな一枚を、ちょっとしたアウター代わりと思って選べば、一生ものとして活躍してくれるはずです。

厚手ストール

1

2

巻き方A

❶左右の長さが同じくらいになるよう、首にひと巻きする。❷両端を結び、片方のフリンジのみ出し、もう片方は結び目に入れ込む。

1

2

巻き方B

❶左右のどちらか片方が長くなるよう、首にたらす。❷長いほうを、逆の肩にかける。生地を大きく使うのがエレガントに見せるコツ。

薄手ストール

1

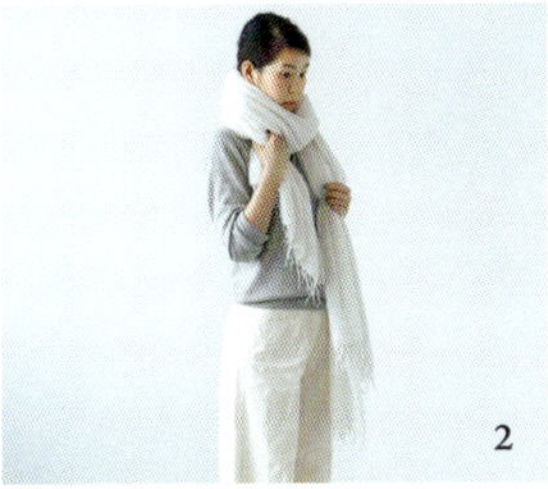
2

巻き方A

❶左右のどちらか片方が長くなるよう、首にたらす。❷長いほうを持ち、首にひと巻きする。巻いたほうが長くなるように巻くのがポイント。

1

2

巻き方B

❶左右の長さが同じくらいになるよう、首にひと巻きする。❷左右の端を片結びする。端は長短を出すのが、こなれて見せるコツ。

一生もののサイズ選び

ジャストサイズにこだわらず、少しゆるめを選ぶのが若々しく見えるコツ

元々やせ型の女性にありがちな、〝小さいサイズ〟シンドローム。7号サイズが入るなら7号サイズを、9号サイズが入るなら9号サイズを、女性なら、やはり着たいものです。わざわざ大きいサイズを買うなんて発想を、普通はもたないかもしれません。でも、若い女性と違って大人は、ジャストサイズを選ぶよりも、少し余裕のある大きめサイズを着たほうが、むしろ若々しく見えると私は考えています。

特にシンプルなトップスは、余裕のあるサイズ選びをおすすめしています。例えば左ページで着たセント ジェームスのボーダー。私の場合はサイズ1がジャストサイズですが、今はサイズ3を選んで着ています。たとえ若いころと体重は変わらないとしても、体型は確実に変わっていますし、ジャストサイズを着て体のラインが露出してしまうと、かえって老けて見えるからです。

またデニムは、ブランドによって、サイズの感覚が大きく変わります。必ず試着をして、自分にしっくり合うサイズを探すようにしてください。

最近買ったリーバイス501のヴィンテージデニムは、少しゆるめの28インチを選びました。以前は、ジャストの27インチや、逆に、超ビッグシルエットの501もはいていましたが、今はこのくらいの軽いゆるさが気分です。

一生ものの買い物術

好きな服を厳選して買うことで、
一生もののクローゼットが完成する

「3枚買うならこの1枚を」

高い服を買う時に私が使う、自分自身への言い訳です。この言い訳のおかげで、本当に好きな服を、10年、20年と、愛せるようになりました。逆に、Tシャツを1枚買うにしても、厳選に厳選を重ねるようにしています。すると安い服を衝動買いして、すぐに着なくなるということもなくなりました。

それでも毎シーズン、きちんとクローゼットを見直して、着ない服は手放すようにしています。そうすることで、次に買うものが明確になるのです。そしていつか、自分にとっての一生ものと呼べるクローゼットが完成するのだと思っています。

スタイリストとして独立して四半世紀、これまでたくさんの服と触れ合ってきた私の結論は、服を愛し、服を大切にしたいということ。それは、服を買う時から始まっているのです。

Low-price

プチプラ名品

〝プチプラ〟と呼ばれる服も、厳選して購入します。
私が愛用する４ブランドから、マイ定番をご紹介します。

3. UNIQLO

1. Hanes

4. CONVERSE

2. MUJI

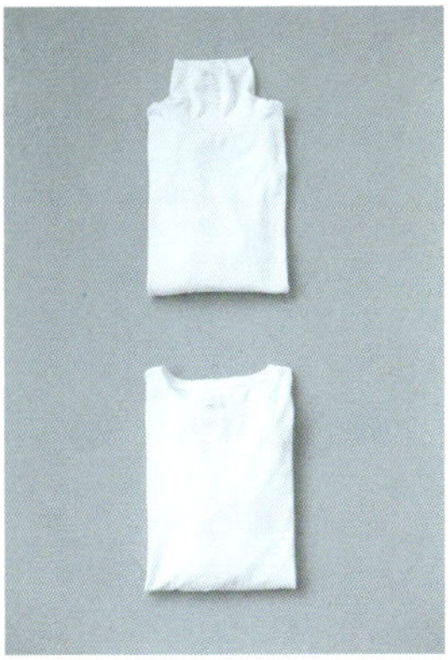

4

〝プチプラ〟とは呼べないかもしれませんが、コンバースは、私のワードローブには絶対必要。何度もリピート買いしているアイテムです。

3

ユニクロでは、デザイナーズブランドとのコラボアイテムを毎回欠かさずチェックします。右はトーマス・マイヤー、左は、J.W.アンダーソン。

2

無印良品の長袖白Ｔは、タートルとクルーネックを愛用しています。真冬にニットのインナーとして着るのに最適。毎年、リピート買いします。

1

ヘインズの〝プレミアムジャパンフィット〟。２枚パックの約２倍のお値段はしますが、ガンガン洗っても、ヘタリが少ない気がします。

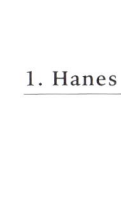

おわりに

epilogue

「村山さん、単行本作らない？」

ずっと昔からお世話になっている集英社のとても偉いかたからの、突然のお話でした。そんな光栄なオファーなのに、私は即答ができませんでした。

私が思うスタイル本といえば、本人が数々の素敵な私服を着て、華やかな笑顔とポーズで写真に収まる、それがイメージです。一方私は、顔も体型も本当に地味。雑誌を中心に活動するスタイリストの中でも、〝職人タイプ〟です。スタイル本なんて私には無理。瞬間的に、そう思ってしまったのです。

その後は特に説得されるわけでもなく（笑）、撮影、リース、打ち合わせと、いつものように慌しい日々を過ごしていました。

25年以上、ずっと、そうしてきたように。

数カ月後のある朝、ふと思いました。単行本ならば、年齢や属性で分けた読者ターゲットをもつ、雑誌という枠を飛び越えられる。これまで、あらゆる世代の雑誌でコーディネートを作り続けてきた私だからこそできる、普遍的なおしゃれの提案があるのではないかと。

そして、この一冊の本が生まれました。

今回、100体のコーディネートに向き合い、スタイリストという職業が大好きだということを、改めて実感することができました。これからも裏方の立場で、たくさんのスタイリングを提案していけたらと思います。

最後に、この本の制作に携わってくださったスタッフの皆さま、感謝の気持ちでいっぱいです。チーム全員の情熱と粘りのおかげで、この本を形にすることができました。

そして、この本を手にとって、最後まで読んでくださった皆さま、本当にありがとうございます。この中に収めたメッセージが、少しでも皆さまのお役に立てば、そんなに幸せなことはありません。

２０１８年10月　村山佳世子

村山佳世子

Kayoko Murayama

スタイリスト。文化服装学院スタイリスト科卒業後、アシスタントを経てデビュー。25年以上、集英社の雑誌を中心に第一線で活躍。高い審美眼とスタイリング力で、ファッション業界からの支持はもとより、多くのモデルからも絶大な信頼を得ている

Instagram : @stylist_murayama_kayoko

※掲載した服、小物はすべて本人の私物です。問い合わせはご容赦ください。

Staff List

撮影	魚地武大（TENT／物）　三宮幹史（人物）
ヘア＆メイク	吉岡美幸
アートディレクション	藤村雅史
デザイン	石﨑麻美（藤村雅史デザイン事務所）
構成・文	磯部安伽
編集	小松香織

一生もののおしゃれが身につく
10のルール100のコーディネート

2018年10月10日　第1刷発行
2018年10月31日　第2刷発行

著者	村山佳世子
発行人	佐藤真穂
編集人	石田真理
発行所	株式会社 集英社 〒101-8050 東京都千代田区一ツ橋2の5の10
電話	編集部　03-3230-6390 読者係　03-3230-6080 販売部　03-3230-6393（書店専用）
印刷・製本	大日本印刷株式会社

©Shueisha 2018 Printed in Japan ISBN978-4-08-780853-7 C2076